AF205605

Impressum
Verlag: BABADADA GmbH, Nedderfeld 112 , 22529 Hamburg
Geschäftsführer / Verlagsleitung: Harald Hof
Druck: Books on Demand GmbH, In de Tarpen 42, 22848 Norderstedt

Imprint
Publisher: BABADADA GmbH, Nedderfeld 112 , 22529 Hamburg, Germany
Managing Director / Publishing direction: Harald Hof
Print: Books on Demand GmbH, In de Tarpen 42, 22848 Norderstedt, Germany

škola
escuela

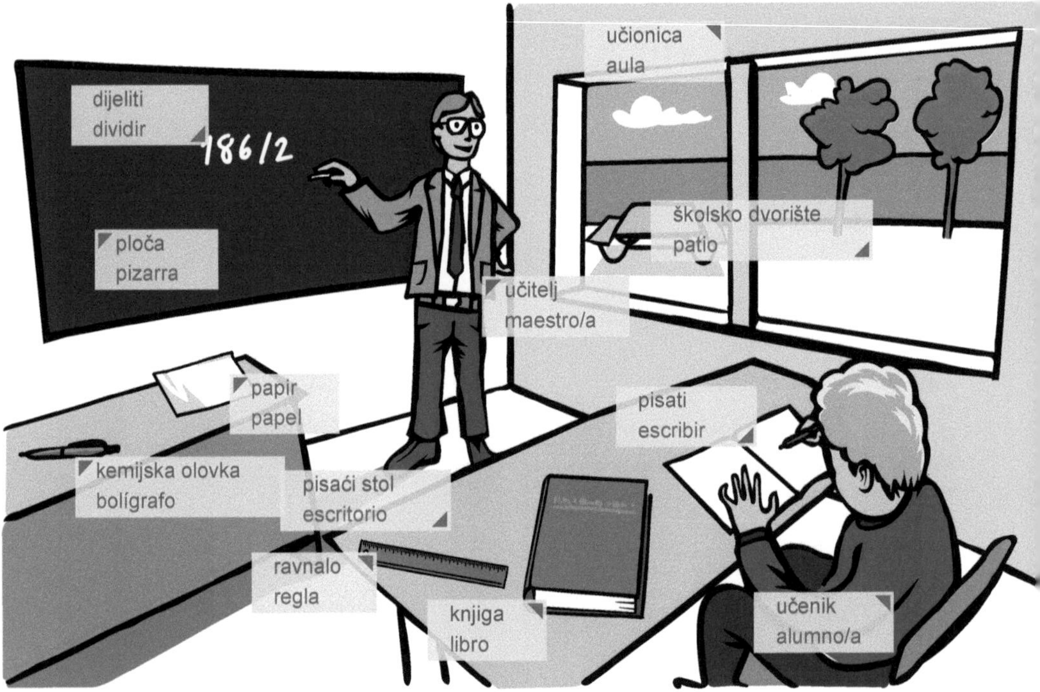

učionica
aula
dijeliti
dividir
186/2
ploča
pizarra
školsko dvorište
patio
učitelj
maestro/a
papir
papel
pisati
escribir
kemijska olovka
bolígrafo
pisaći stol
escritorio
ravnalo
regla
knjiga
libro
učenik
alumno/a

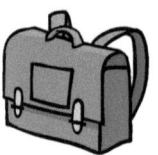

torba
cartera

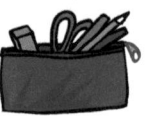

pernica
caja de lápices

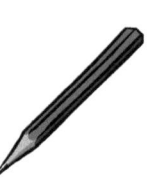

grafitna olovka
lápiz

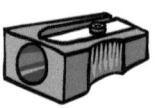

šiljilo za olovke
sacapuntas

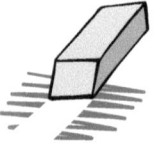

gumica za brisanje
goma de borrar

blok za crtanje
cuaderno de dibujo

crtež
dibujo

kist
pincel

kutija s bojama
caja de pinturas

makaze
tijeras

ljepilo
pegamento

bilježnica
cuaderno de ejercicios

domaći zadatak
deberes

broj
número

sabirati
sumar

oduzimati
restar

množiti
multiplicar

računati
calcular

slovo
letra

abeceda
alfabeto

riječ
palabra

tekst

texto

čitati

leer

kreda

tiza

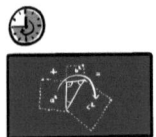

sat

lección

dnevnik

cuaderno de notas

ispit

examen

svjedodžba

certificado

školska uniforma

uniforme escolar

obrazovanje

educación

leksikon

enciclopedia

sveučilište

universidad

mikroskop

microscopio

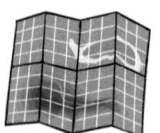

karta

mapa

košara za papir

papelera

hotel
hotel

prenoćište
albergue

ROOMS

mjenjačnica
oficina de cambio de divisas

EXCHANGE

kofer
maleta

auto
coche

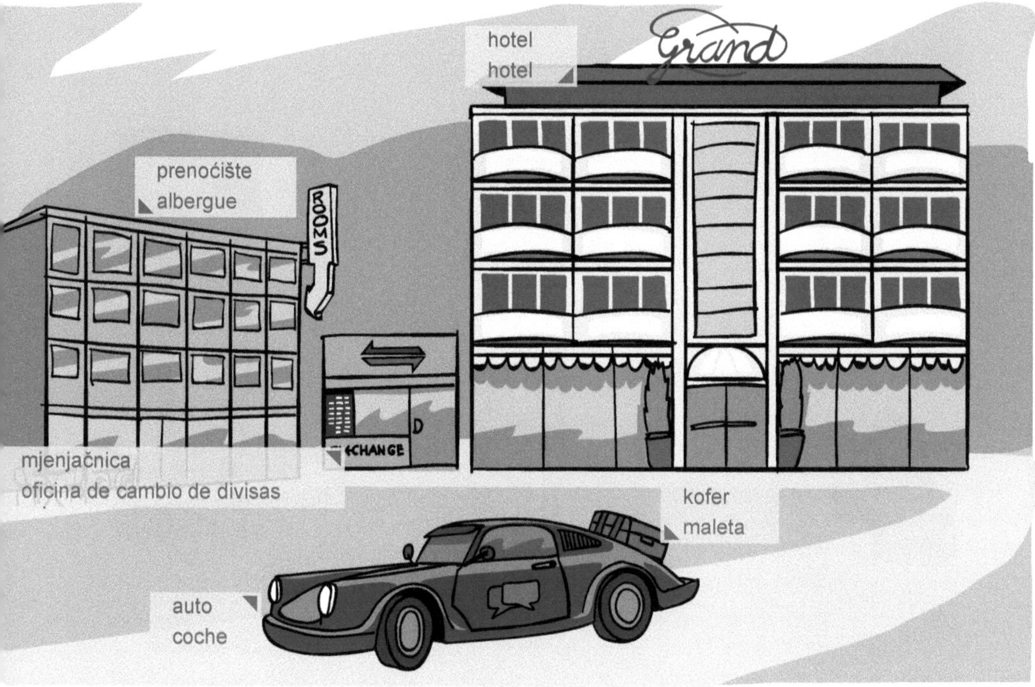

jezik

idioma

da / ne

sí / no

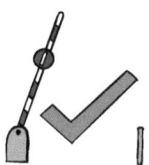

okay

Vale

zdravo

hola

prevoditelj

traductor

hvala

Gracias

Koliko košta...?

¿cuánto es...?

ne razumijem

No entiendo

problem

problema

dobro veče!

¡Buenas tardes!

Dobro jutro!

¡Buenos días!

Laku noć!

¡Buenas noches!

doviđenja

adiós

smjer

dirección

prtljaga

equipaje

torba

bolsa

ruksak

mochila

gost

invitado

soba

habitación

vreća za spavanje

saco de dormir

šator

tienda de campaña

turističke informacije

información turística

plaža

playa

kreditna kartica

tarjeta de crédito

doručak

desayuno

ručak

almuerzo

večera

cena

karta za vožnju

billete

dizalo

ascensor

poštanska markica

sello

granica

frontera

carina

aduana

ambasada

embajada

viza

visa

putovnica

pasaporte

transport

transporte

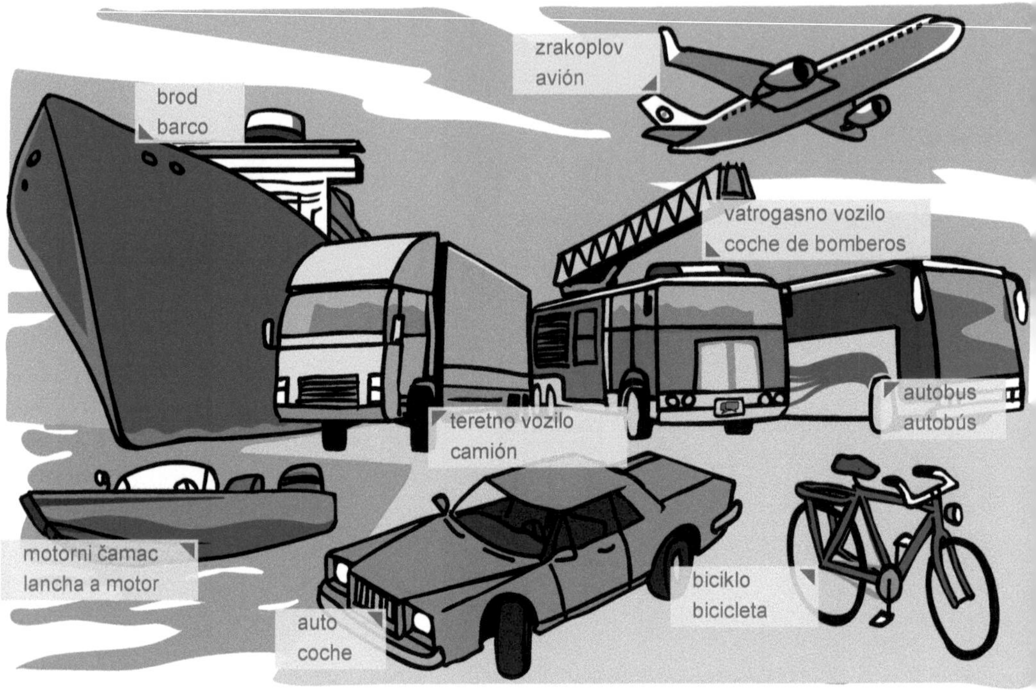

zrakoplov
avión
brod
barco
vatrogasno vozilo
coche de bomberos
autobus
autobús
teretno vozilo
camión
motorni čamac
lancha a motor
biciklo
bicicleta
auto
coche

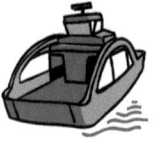

trajekt

transbordador

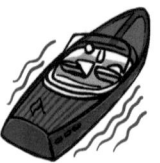

čamac

barca

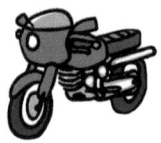

motocikl

moto

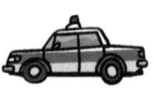

policijski auto

coche de policía

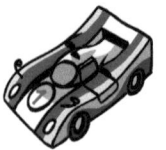

trkaći auto

coche de carreras

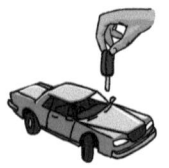

iznajmljeno auto

coche de alquiler

dijeljenje automobila

préstamo de vehículos

vučno vozilo

grúa

vozilo za odvoz smeća

camión de la basura

motor

motor

benzin

gasolina

benzinska postaja

gasolinera

prometni znak

señal de tráfico

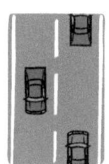

promet

tráfico

zastoj

atasco

parkiralište

aparcamiento

kolodvor

estación de tren

šine

vías

vlak

tren

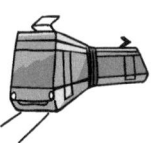

tramvaj

tranvía

vagon

vagón

helikopter
helicóptero

zrakoplovna luka
aeropuerto

toranj
torre

putnik
pasajero

kontejner
contenedor

karton
caja de cartón

kolica
carretilla

košara
cesta

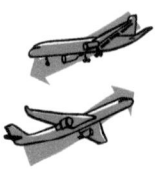

uzletjeti / sletjeti
despegar / aterrizar

grad
ciudad

selo
pueblo

centar grada
centro de ciudad

kuća
casa

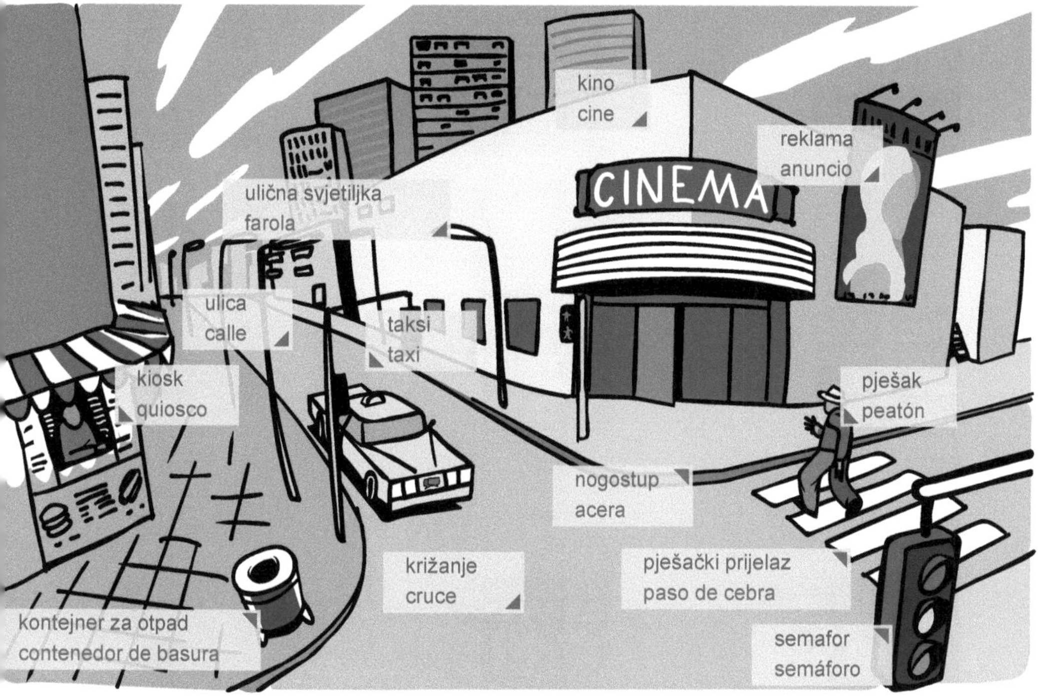

kino / cine

reklama / anuncio

ulična svjetiljka / farola

CINEMA

ulica / calle

taksi / taxi

kiosk / quiosco

pješak / peatón

nogostup / acera

križanje / cruce

pješački prijelaz / paso de cebra

semafor / semáforo

kontejner za otpad / contenedor de basura

koliba
cabaña

stan
apartamento

kolodvor
estación de tren

vijećnica
ayuntamiento

muzej
museo

škola
escuela

sveučilište

universidad

banka

banco

bolnica

hospital

hotel

hotel

ljekarna

farmacia

ured

oficina

knjižara

librería

prodavaonica

tienda

cvjećara

floristería

supermarket

supermercado

trg

mercado

robna kuća

grandes almacenes

ribarnica

pescadería

trgovački centar

centro comercial

luka

puerto

park
parque

klupa
banco

most
puente

stepenice
escaleras

podzemna željeznica
metro

tunel
túnel

autobusna stanica
parada de autobús

bar
bar

restoran
restaurante

poštansko sanduče
buzón

uliční znak
poste indicador

parkirni sat
parquímetro

zoološki vrt
zoo

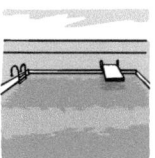

bazen
piscina

džamija
mezquita

seosko gazdinstvo

granja

zagađenje okoliša

contaminación

groblje

cementerio

crkva

iglesia

igralište

patio de juego

hram

templo

krajolik

paisaje

list
hoja

putokaz
señal

put
camino

livada
prado

kamen
piedra

drvo
árbol

šetač
excursionista

rijeka
río

trava
hierba

cvijet
flor

dolina
valle

planina
colina

jezero
lago

šuma
bosque

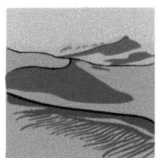

pustinja
desierto

vulkan
volcán

dvorac
castillo

duga
arcoíris

gljiva
champiñón

palma
palmera

moskito
mosquito

muha
mosca

mrav
hormiga

pčela
abeja

pauk
araña

buba

escarabajo

žaba

rana

vjeverica

ardilla

jež

erizo

zec

liebre

sova

lechuza

ptica

pájaro

labud

cisne

divlja svinja

jabalí

jelen

ciervo

los

alce

nasip

presa

vjetrenjača

turbina eólica

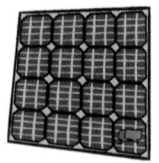

solarna ploča

panel solar

klima

clima

restoran
restaurante

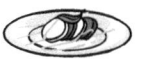

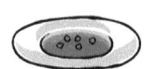

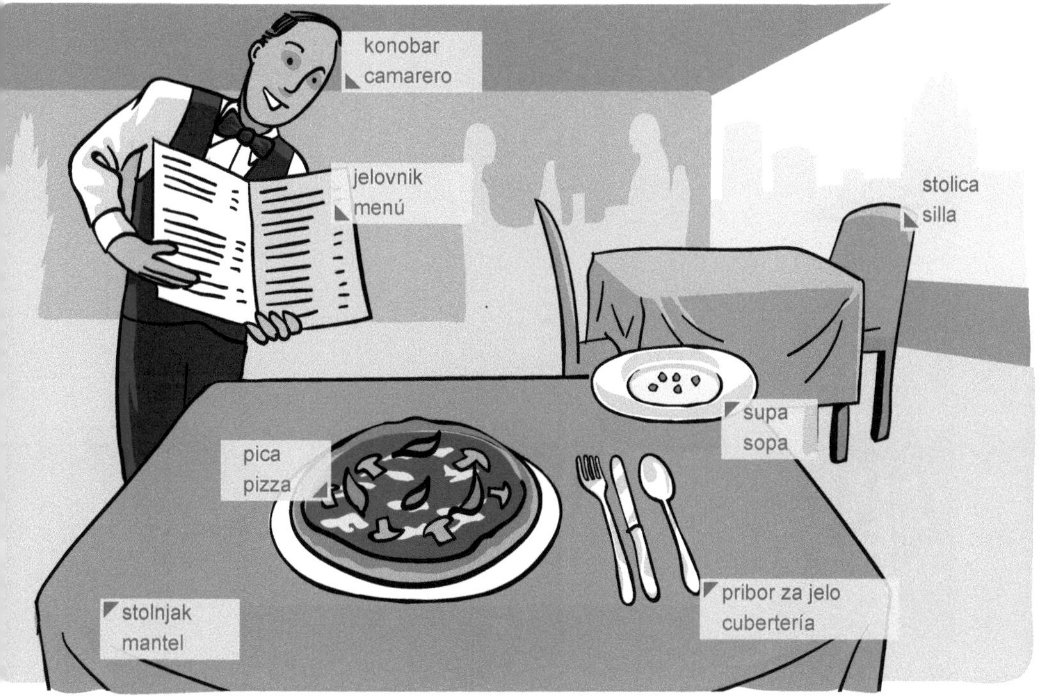

konobar
camarero
jelovnik
menú
stolica
silla
supa
sopa
pica
pizza
pribor za jelo
cubertería
stolnjak
mantel

predjelo

primer plato

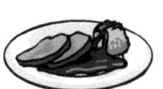

glavno jelo

plato principal

desert

postre

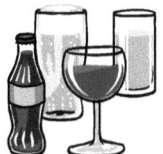

napitci

bebidas

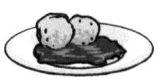

jelo

comida

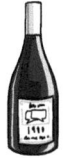

boca

botella

fastfood

comida rápida

imbis hrana

comida callejera

čajnik

tetera

doza za šećer

azucarero

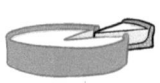

porcija

porción

aparat za espresso

cafetera expreso

visoka stolica

trona

račun

cuenta

pladanj

bandeja

nož

cuchillo

vilica

tenedor

žlica

cuchara

čajna žlica

cucharilla

ubrus

servilleta

čaša

vaso

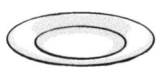

tanjur

plato

tanjur za supu

plato hondo

tanjurić

platillo

sos

salsa

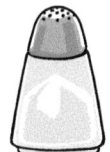

soljenka

salero

mlin za biber

molinillo de pimienta

ocat

vinagre

ulje

aceite

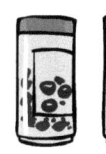

začini

especias

kečap

ketchup

senf

mostaza

majoneza

mayonesa

supermarket
supermercado

ponuda
oferta especial
kupac
cliente
mliječni proizvodi
lácteos
voće
fruta
kolica za kupnju
carro de la compra
FOR

BUTCHERS

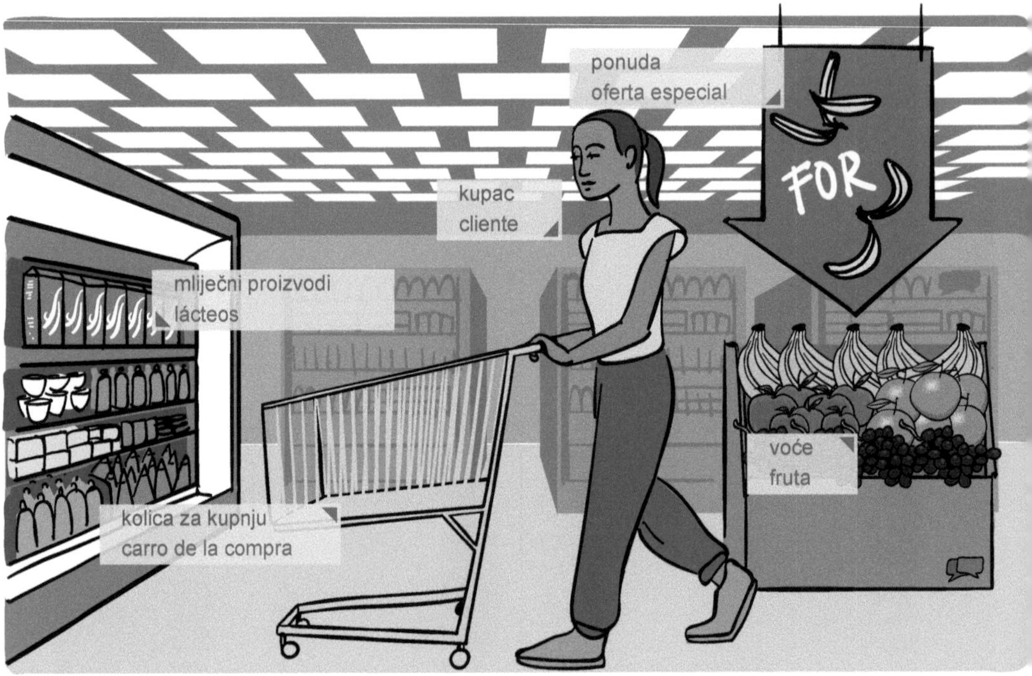

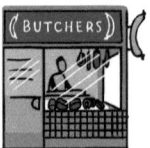

mesnica

carnicería

BAKERY

pekarnica

panadería

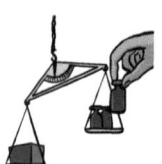

vagati

pesar

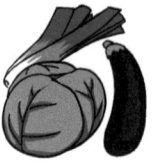

povrće

verduras

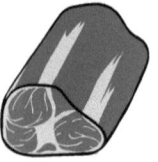

meso

carne

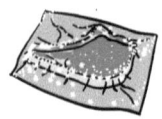

duboko smrznuta hrana

alimentos congelados

narezak
fiambres

konzerve
conservas

sredstvo za pranje
detergente en polvo

slatkiši
dulces

artikli za domaćinstvo
productos de uso doméstico

sredstva za čišćenje
productos de limpieza

prodavačica
vendedora

blagajna
caja

blagajnik
cajero

lista za kupnju
lista de la compra

vrijeme rada
horario de atención al
público

novčanik
cartera

kreditna kartica
tarjeta de crédito

torba
bolsa

plastična vrećica
bolsa de plástico

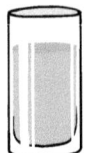

voda
agua

sok
zumo

mlijeko
leche

cola
cola

vino
vino

pivo
cerveza

alkohol
alcohol

kakao
cacao

čaj
té

kava
café

espresso
expreso

cappuccino
capuchino

banana

plátano

jabuka

manzana

naranča

naranja

lubenica

melón

limun

limón

mrkva

zanahoria

češnjak

ajo

bambus

bambú

luk

cebolla

gljiva

champiñón

orašasti plodovi

avellanas

rezanci

fideos

špagete

espagueti

riža

arroz

salata

ensalada

pomfrit

patatas fritas

pečeni krumpir

patatas fritas

pica

pizza

hamburger

hamburguesa

sendvič

sándwich

šnicla

filete

pršut

jamón

salama

salami

kobasica

salchicha

kokoš

pollo

pečenje

asado

riba

pescado

zobene pahuljice

copos de avena

musli

muesli

kukuruzne pahuljice

copos de maíz

brašno

harina

roščić

cruasán

pecivo

panecillo

kruh

pan

toast

tostada

keksi

galletas

maslac

mantequilla

svježi sir

cuajada

kolač

pastel

jaje

huevo

jaje na oko

huevo frito

sir

queso

sladoled

helado

šećer

azúcar

med

miel

marmelada

mermelada

nugat krema

crema de turrón

curry

curry

seosko gazdinstvo
granja

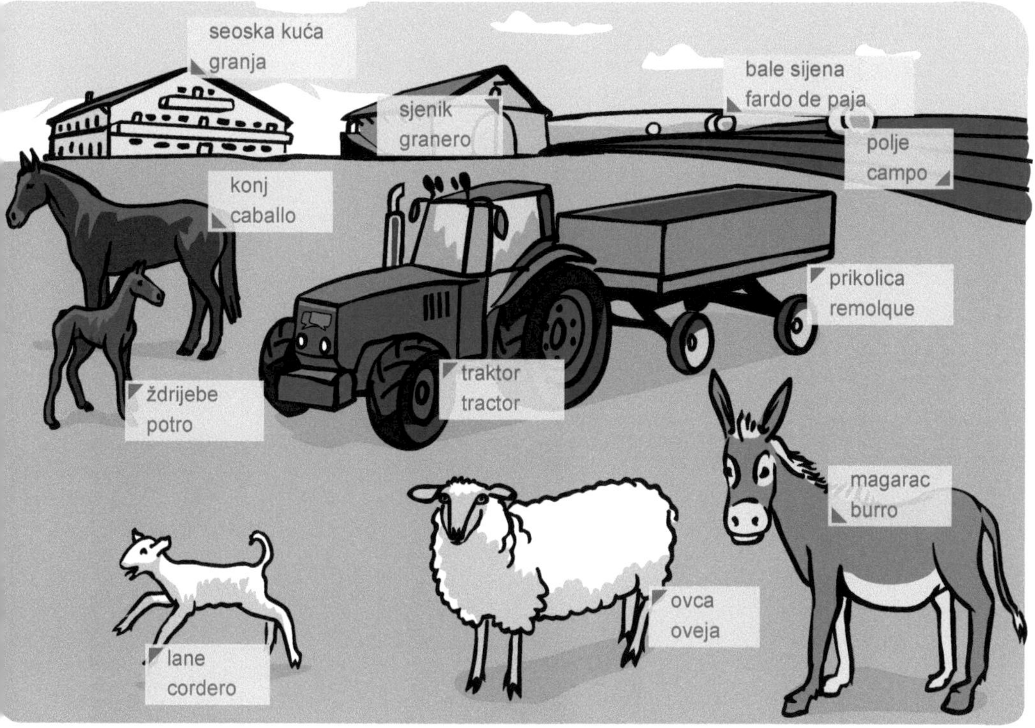
seoska kuća
granja
sjenik
granero
bale sijena
fardo de paja
polje
campo
konj
caballo
prikolica
remolque
traktor
tractor
ždrijebe
potro
magarac
burro
ovca
oveja
lane
cordero

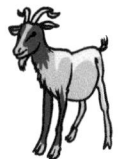

koza

cabra

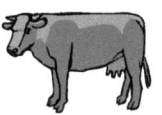

krava

vaca

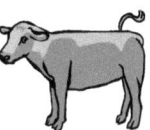

tele

ternero

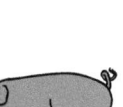

svinja

cerdo

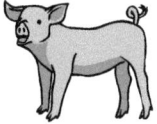

prase

cerdito

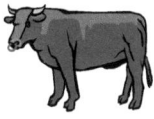

bik

toro

guska

ganso

patka

pato

pilići

pollo

kokoš

gallina

pijetao

gallo

pacov

rata

mačka

gato

miš

ratón

vol

buey

pas

perro

kućica za psa

perrera

vrtno crijevo

manguera

kanta za polijevanje

regadera

kosa

guadaña

plug

arado

srp
hoz

motika
azada

vilica za gnojivo
horca

sjekira
hacha

tačke
carretilla

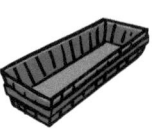

korito
abrevadero

posuda za mlijeko
lechera

vreća
saco

ograda
valla

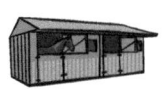

štala
establo

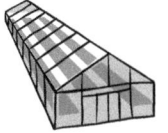

staklenik
invernadero

zemlja
suelo

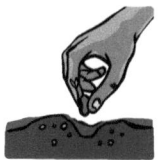

sjeme
semilla

gnojivo
fertilizador

kombajn
cosechadora

žanjati

cosechar

žetva

cosecha

yams začin

ñame

pšenica

trigo

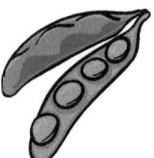

soja

soja

krumpir

patata

kukuruz

maíz

uljana repica

semilla de colza

voćka

árbol frutal

gomolj manioke

mandioca

žitarice

cereales

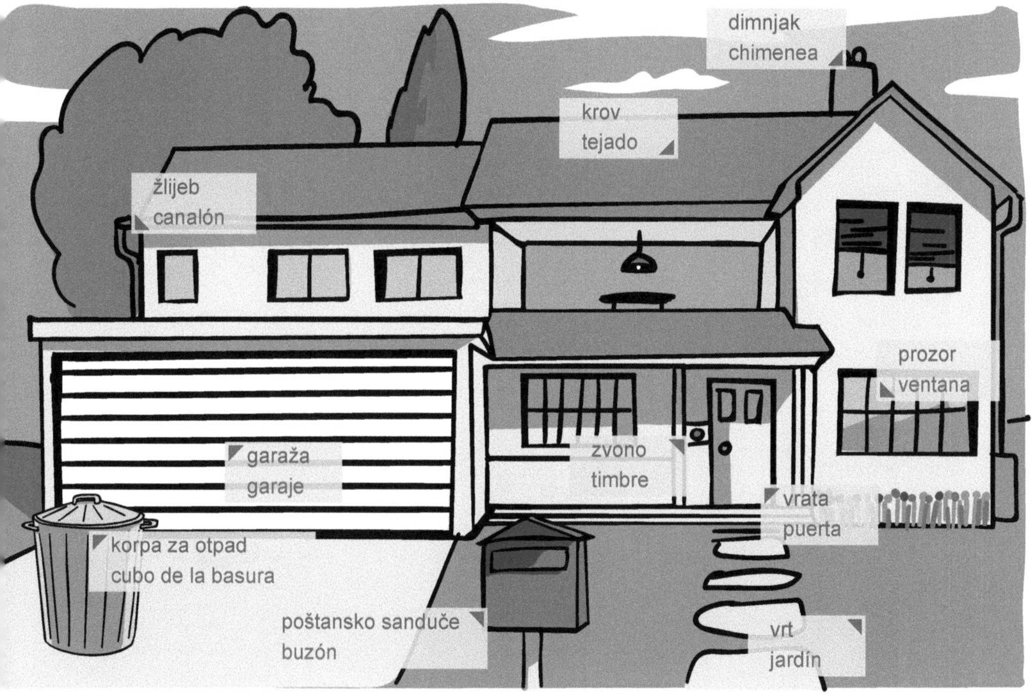

dimnjak
chimenea

krov
tejado

žlijeb
canalón

prozor
ventana

garaža
garaje

zvono
timbre

vrata
puerta

korpa za otpad
cubo de la basura

poštansko sanduče
buzón

vrt
jardín

dnevna soba
sala

kupaonica
cuarto de baño

kuhinja
cocina

spavaća soba
dormitorio

dječija soba
habitación de los niños

trpezarija
comedor

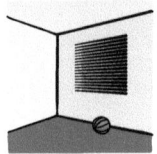

pod

suelo

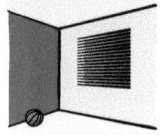

zid

pared

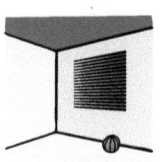

strop

techo

podrum

sótano

sauna

sauna

balkon

balcón

terasa

terraza

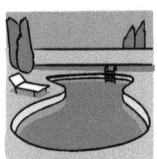

bazen

piscina

kosilica za travu

cortacésped

posteljina za krevet

sábana

deka za krevet

colcha

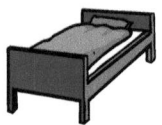

krevet

cama

metla

escoba

kanta

balde

sklopka

interruptor

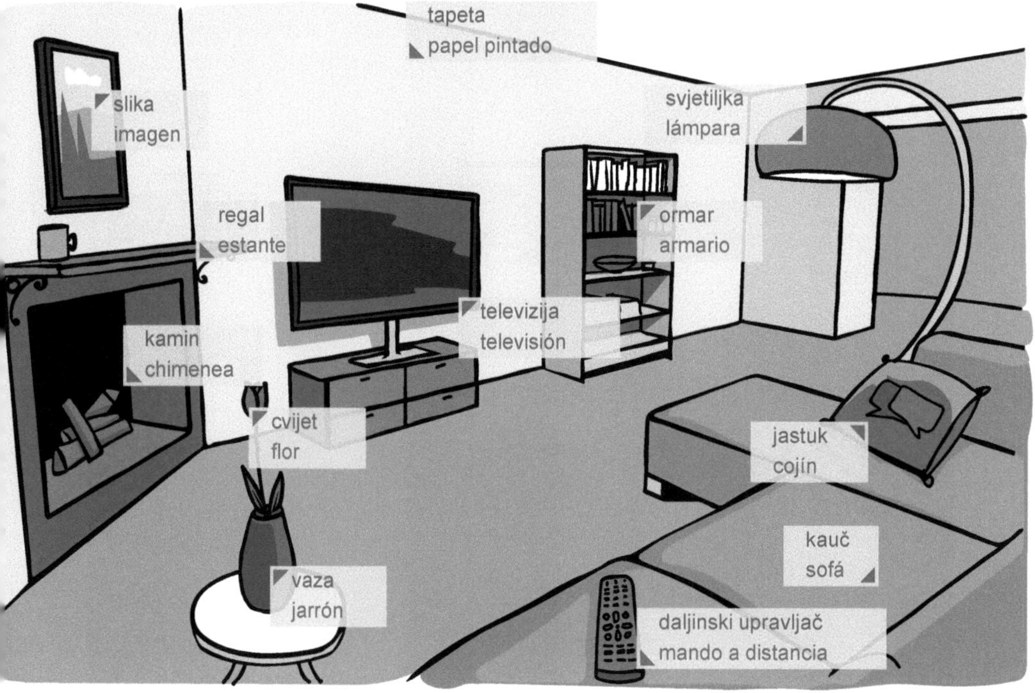

tapeta
papel pintado

slika
imagen

svjetiljka
lámpara

regal
estante

ormar
armario

kamin
chimenea

televizija
televisión

cvijet
flor

jastuk
cojín

kauč
sofá

vaza
jarrón

daljinski upravljač
mando a distancia

tepih
alfombra

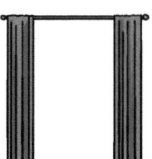

zavjesa
cortina

stol
mesa

stolica
silla

stolica za njihanje
mecedora

fotelja
butaca

knjiga
libro

deka
manta

dekoracija
decoración

drvo za ogrjev
leña

film
película

stereo uređaj
equipo de música

ključ
llave

novine
periódico

slika na platnu
pintura

poster
póster

radio
radio

blok za pisanje
cuaderno

usisavač
aspiradora

kaktus
cactus

svijeća
vela

kuhinja
cocina

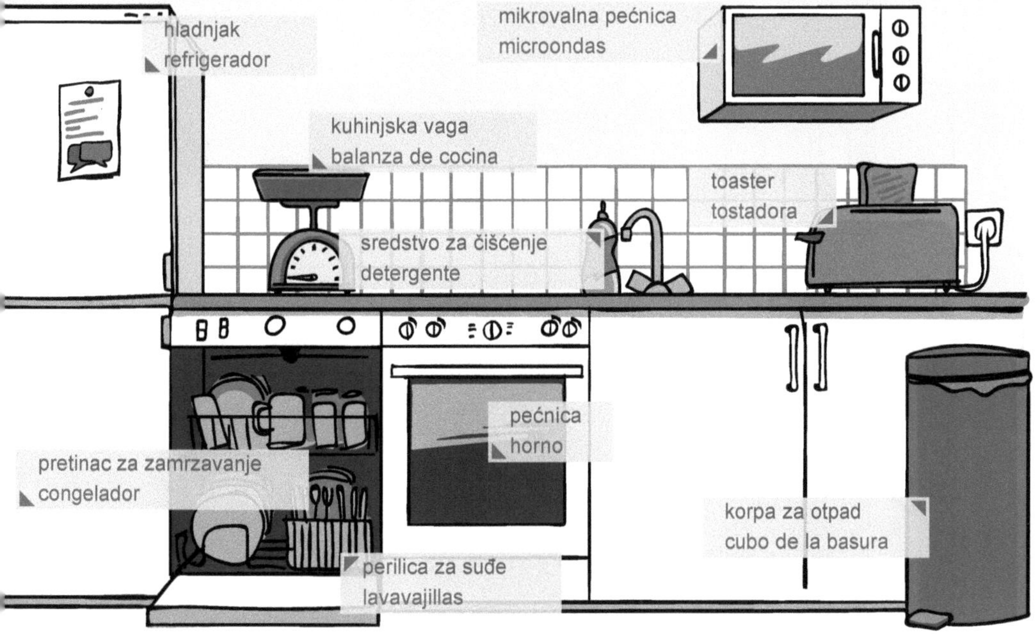
hladnjak
refrigerador
mikrovalna pećnica
microondas
kuhinjska vaga
balanza de cocina
toaster
tostadora
sredstvo za čišćenje
detergente
pećnica
horno
pretinac za zamrzavanje
congelador
korpa za otpad
cubo de la basura
perilica za suđe
lavavajillas

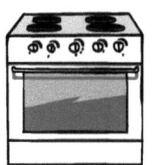

štednjak

olla a presión

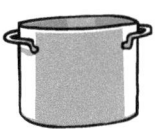

lonac

olla

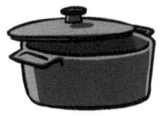

željezni lonac

olla de hierro fundido

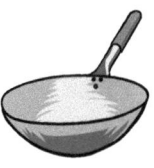

wok / kadai

wok / karahi

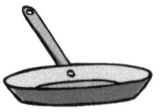

tava

cazuela

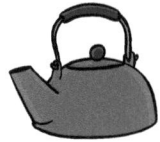

kuhalo za vodu

hervidor

kuhalo na paru

vaporera

lim za pečenje

chapa de horno

posuđe

vajilla

čaša

taza

zdjela

tazón

štapići za jelo

palillos

kutljača

cucharón

lopatica

espumadera

pjenjača

batidor

sito za kuhanje

colador

sito

cedazo

ribež

rallador

mužar

mortero

roštilj

barbacoa

ognjište

hoguera

daska
tabla de picar

oklagija
rodillo

vadičep
sacacorchos

konzerva
lata

otvarač konzervi
abrelatas

krpa za lonac
agarrador

sudoper
lavabo

četka
cepillo

spužva
esponja

mikser
batidora

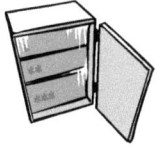

zamrzivač
congelador

bočica za bebe
biberón

slavina za vodu
grifo

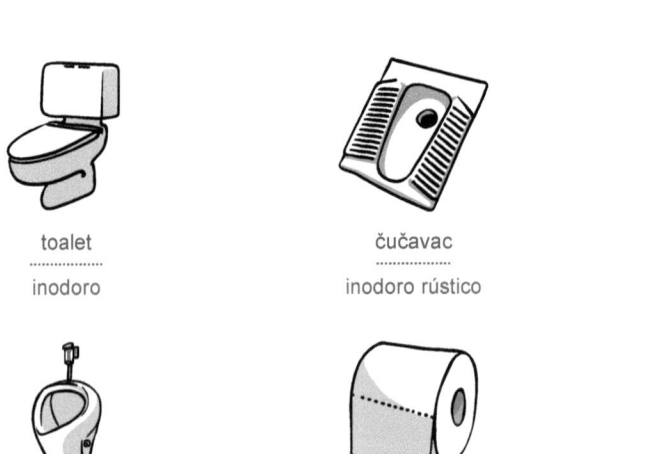

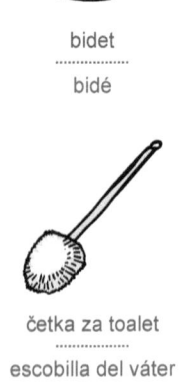

kupaonica

cuarto de baño

tuš
ducha
grijanje
calefacción
ručnik
toalla
zavjesa za tuš
cortina de la ducha
pjenušava kupka
baño de espuma
kada
bañera
čaša
vaso
perilica za rublje
lavadora
slavina za vodu
grifo
pločice
baldosas
dječja kahlica
orinal
sudoper
lavabo

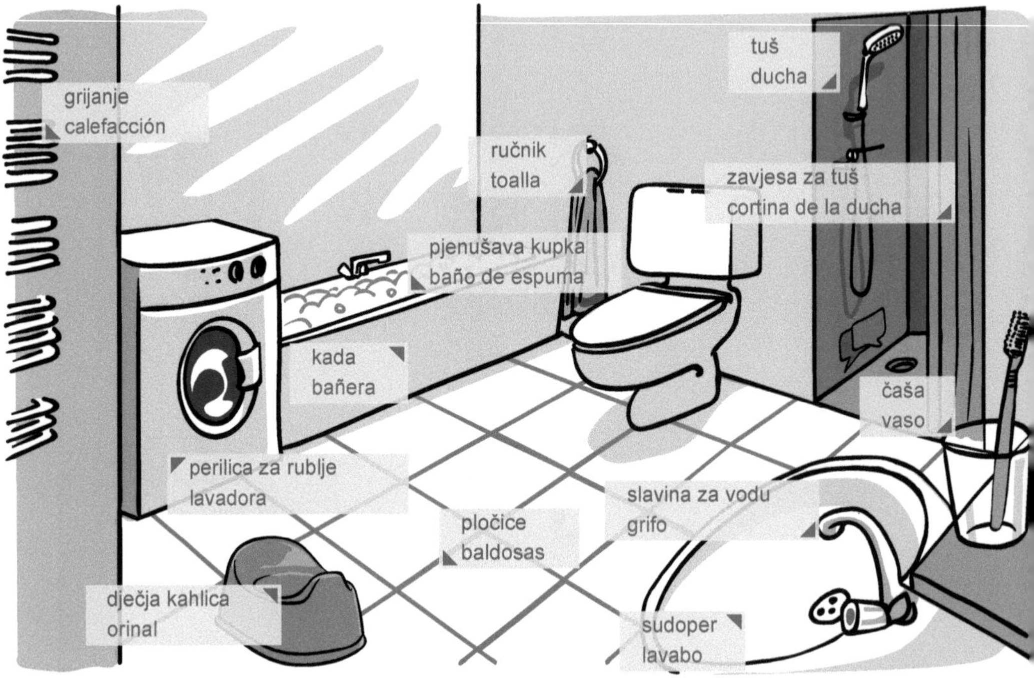

toalet

inodoro

čučavac

inodoro rústico

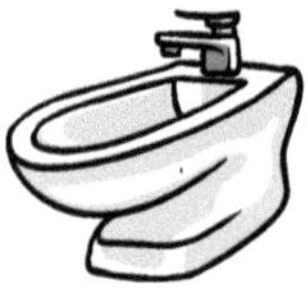

bidet

bidé

pisoar

urinario

papir za toalet

papel higiénico

četka za toalet

escobilla del váter

četkica za zube

cepillo de dientes

pasta za zube

pasta de dientes

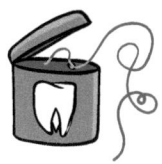

konac za zube

hilo dental

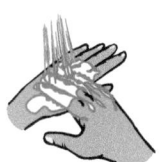

prati

lavar

tuš ručica

ducha de mano

tuš za pranje intimnih dijelova

ducha íntima

lavor

pila

četka za pranje leđa

cepillo de espalda

sapun

jabón

gel za tuširanje

gel de ducha

šampon

champú

krpa za pranje

toallita

odvod

desagüe

krema

crema

dezodorans

desodorante

ogledalo

espejo

kozmetičko ogledalo

espejo de tocador

brijač

maquinilla de afeitar

pjena za brijanje

espuma de afeitar

losion za poslije brijanja

loción postafeitado

češalj

peine

četka

cepillo

sušilo za kosu

secador

sprej za kosu

laca

makeup

maquillaje

ruž za usne

pintalabios

lak za nokte

pintauñas

vata

algodón

škare za nokte

cortauñas

parfem

perfume

neseser
estuche de viaje

stolica
banqueta

vaga
balanza

ogrtač
albornoz

rukavice za čišćenje
guantes de goma

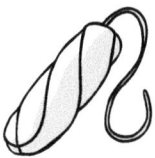

tampon
tampón

uložak
compresa

kemijski toalet
inodoro químico

dječija soba
habitación de los niños

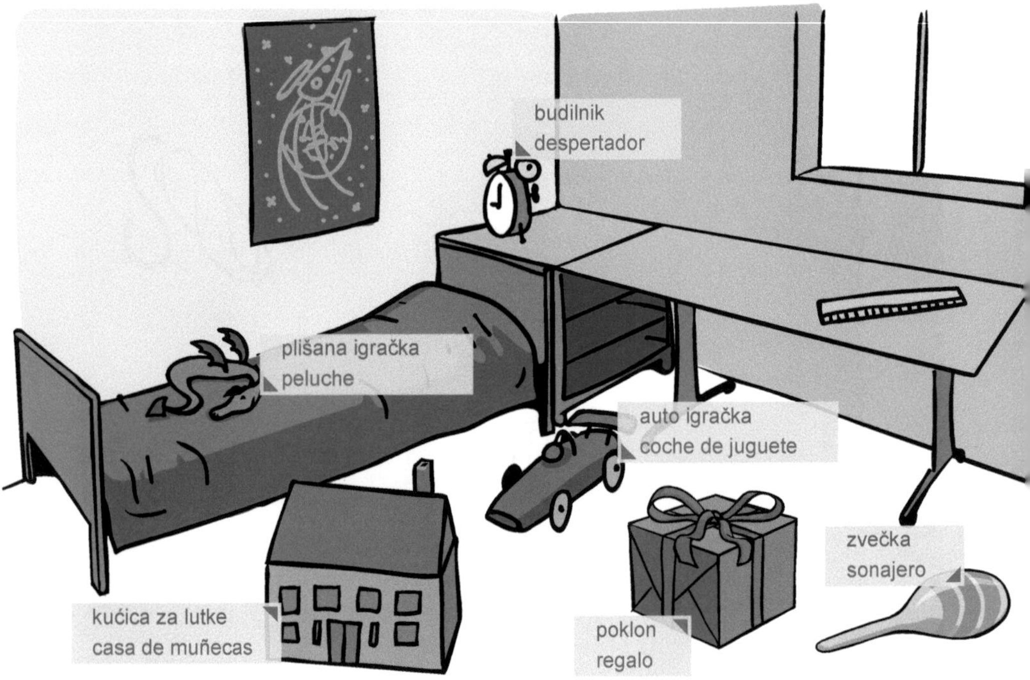
budilnik
despertador
plišana igračka
peluche
auto igračka
coche de juguete
zvečka
sonajero
kućica za lutke
casa de muñecas
poklon
regalo

balon
globo

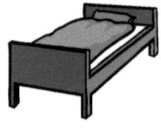

krevet
cama

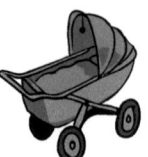

dječija kolica
coche de niño

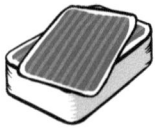

igra s kartama
naipes

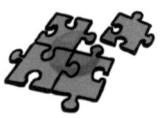

slagalica
puzle

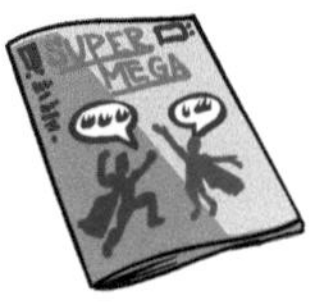

strip
tebeo

lego kockice

piezas de lego

kockice za slaganje

bloques de juguete

akcioni junak

figura de acción

kombinezon za bebe

bodi (de bebé)

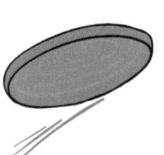

frizbi

frisbee

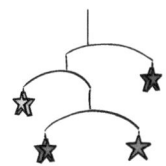

viseće igračke

colgador móvil para bebés

društvene igre

juego de mesa

kocka

dados

minijaturna željeznica

circuito de tren eléctrico

duda

maniquí

tulum

fiesta

slikovnica

álbum de fotos

lopta

pelota

lutka

muñeca

igrati

jugar

pješčanik

cajón de arena

ljuljačka

columpio

igračka

juguetes

konzola za igre

videoconsola

tricikl

triciclo

plišani medo

oso de peluche

ormar

guardarropa

odjeća

ropa

kratke čarape

calcetines

čarape

medias

hulahopke

leotardos

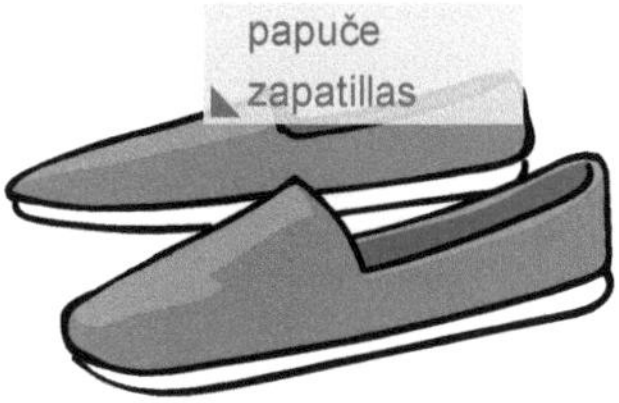

šal
bufanda

kišobran
paraguas

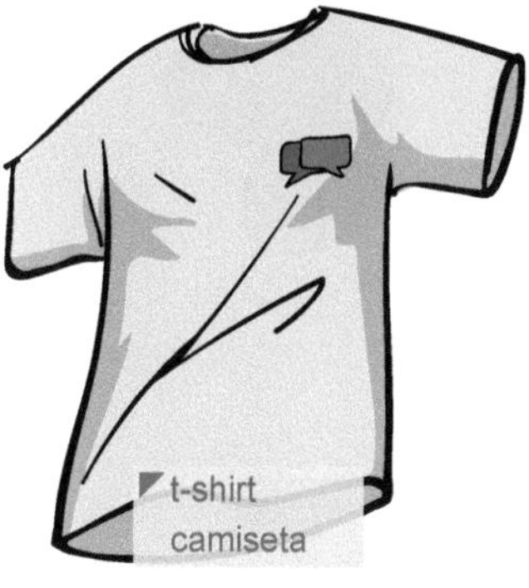

t-shirt
camiseta

kaiš
cinturón

čizme
botas

papuče
zapatillas

patike
deportivas

sandale
sandalias

cipele
zapatos

gumene čizme
botas de goma

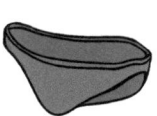

gaćice
slip

grudnjak
sostén

potkošulja
chaleco

bodi
bodi

hlače
pantalones

džins
vaqueros

haljina
falda

bluza
blusa

košulja
camisa

džemper
jersey

pulover s kapuljačom
suéter

blejzer
blazer

jakna
chaqueta

kaput
abrigo

kabanica
gabardina

kostim
traje

haljina
vestido

vjenčanica
vestido de novia

odijelo

traje

spavaćica

camisón

pidžama

pijama

sari

sari

rubac

bandana

turban

turbante

burka

burka

kaftan

caftán

abaja

abaya

kupaći kostim

traje de baño

kupaće gaćice

bañador

kratke hlače

pantalones cortos

odjeća za trening

chándal

pregača

delantal

rukavice

guantes

gumb

botón

naočale

gafas

narukvica

brazalete

ogrlica

collar

prsten

anillo

naušnica

pendiente

kapa

gorra

vješalica

percha

šešir

sombrero

kravata

corbata

patent zatvarač

cremallera

kaciga

casco

naramenice

tirantes

školska uniforma

uniforme escolar

uniforma

uniforme

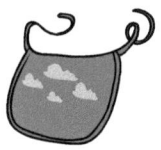

podbradak

babero

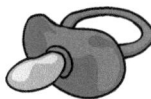

duda

maniquí

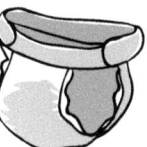

pelena

pañal

ured

oficina

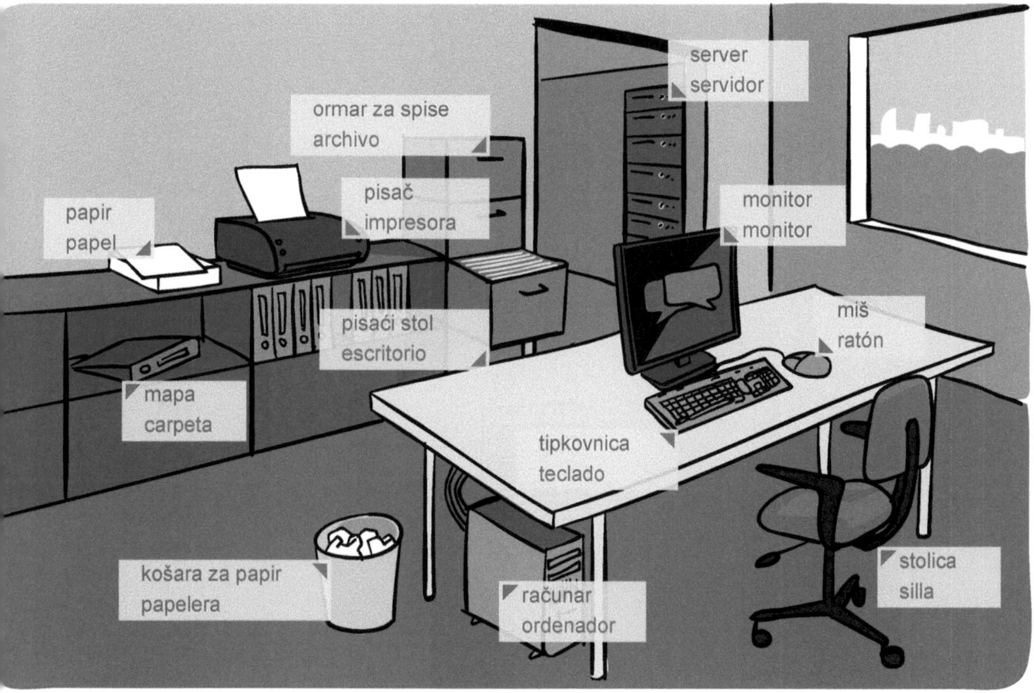
server
servidor
ormar za spise
archivo
pisač
impresora
papir
papel
monitor
monitor
miš
ratón
pisaći stol
escritorio
mapa
carpeta
tipkovnica
teclado
košara za papir
papelera
računar
ordenador
stolica
silla

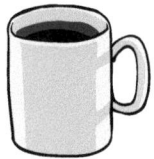

šalica za kavu

taza de café

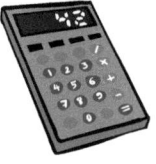

kalkulator

calculadora

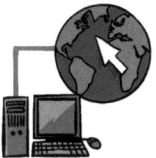

internet

internet

laptop
portátil

pismo
carta

poruka
mensaje

mobilni telefon
móvil

mreža
red

uređaj za kopiranje
fotocopiadora

softver
software

telefon
teléfono

utičnica
toma de corriente

faks
fax

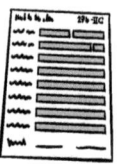

obrazac
formulario

dokument
documento

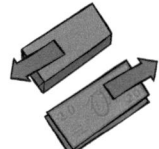

kupovati

comprar

platiti

pagar

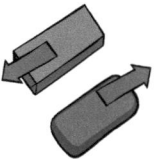

trgovati

comerciar

novac

dinero

dolar

dólar

euro

euro

jen

yen

rubalj

rublo

švicarski franak

franco suizo

renmindbi yuan

renminbi yuan

rupija

rupia

automat za novac

cajero automático

mjenjačnica

oficina de cambio de divisas

zlato

oro

srebro

plata

nafta

petróleo

energija

energía

cijena

precio

ugovor

contrato

porez

impuesto

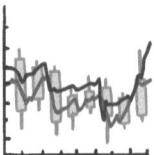

dionica

acción

raditi

trabajar

službenik

empleado

poslodavac

empleador

tvornica

fábrica

prodavaonica

tienda

zanimanja
oficios

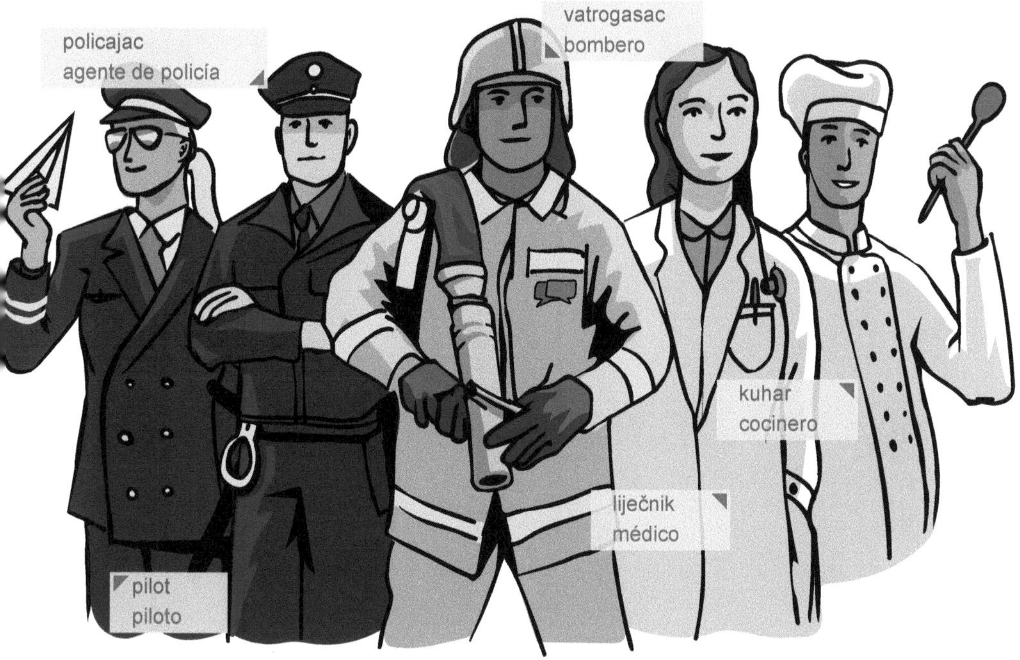
vatrogasac
bombero
policajac
agente de policía
kuhar
cocinero
liječnik
médico
pilot
piloto

vrtlar

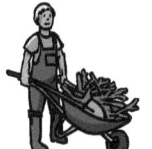

jardinero

stolar

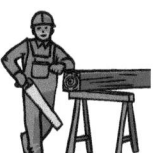

carpintero

krojačica

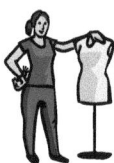

costurera

sudija

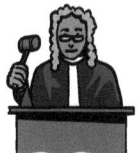

juez

kemičar

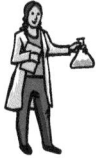

farmacéutico

glumac

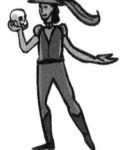

actor

vozač autobusa

conductor de autobús

vozač taksija

taxista

ribar

pescador

čistačica

señora de la limpieza

krovopokrivač

techador

konobar

camarero

lovac

cazador

slikar

pintor

pekar

panadero

električar

electricista

građevinski radnik

obrero

inženjer

ingeniero

mesar

carnicero

limar

fontanero

poštar

cartero

vojnik

soldado

arhitekta

arquitecto

blagajnik

cajero

cvjećar

florista

frizer

peluquero

kondukter

revisor

mehaničar

mecánico

kapetan

capitán

zubar

dentista

znanstvenik

científico

rabi

rabino

imam

imán

monah

monje

svećenik

sacerdote

čekić
martillo

kliješta
alicates

odvijač
destornillador

ključ za vijke
llave

džepna svjetiljka
linterna

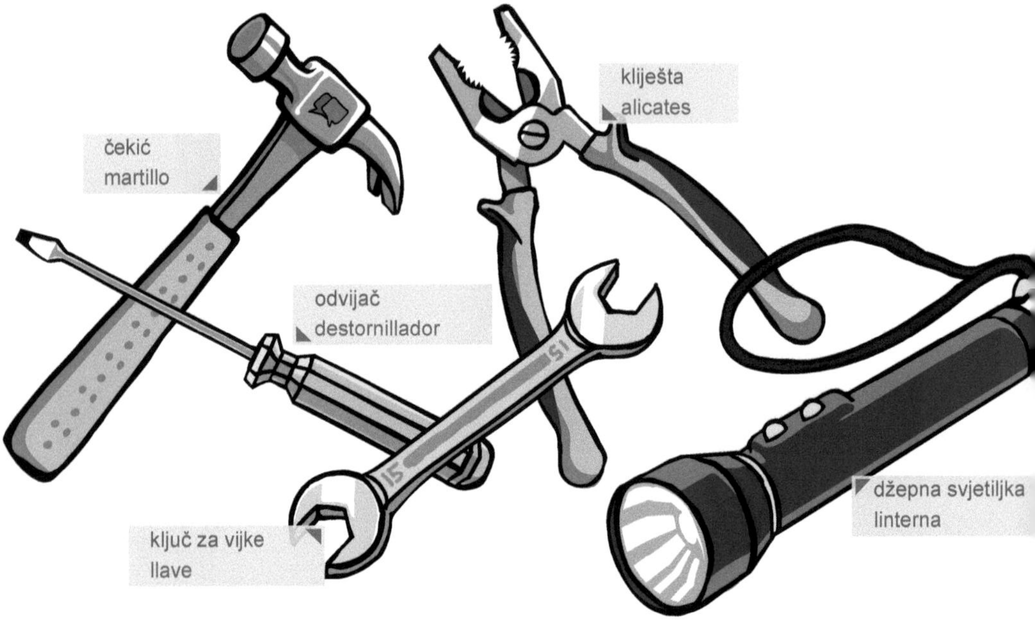

rovokopač

excavadora

kutija za alat

caja de herramientas

ljestve

escalera de mano

pila

sierra

ekser

clavos

bušilica

taladro

alati - herramientas

popraviti

reparar

lopata

pala

Sranje!

¡Maldita sea!

lopatica

recogedor

lonac za boju

bote de pintura

vijci

tornillos

glazbeni instrument
instrumentos musicales

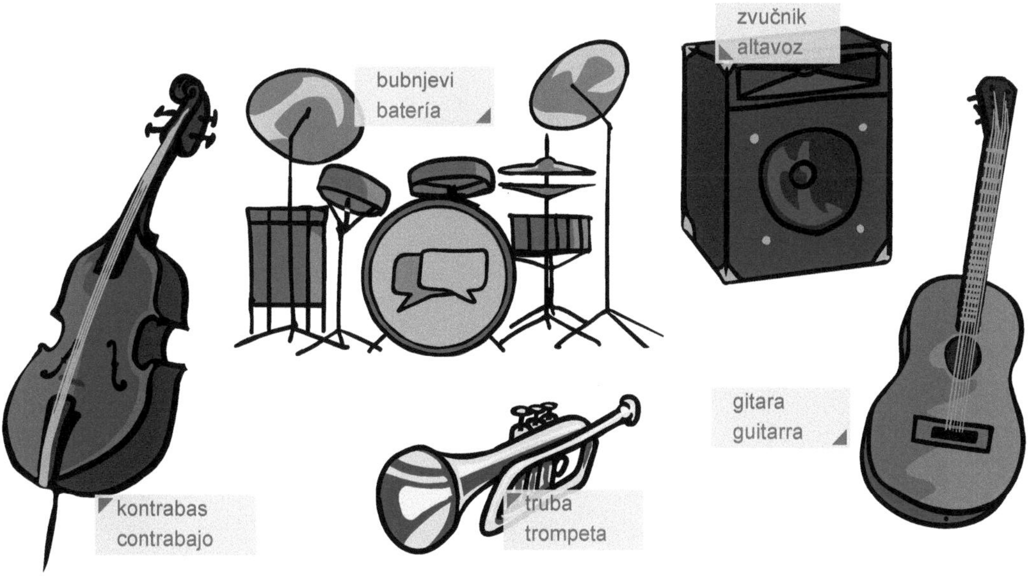

zvučnik
altavoz

bubnjevi
batería

kontrabas
contrabajo

truba
trompeta

gitara
guitarra

klavir

piano

violina

violín

bas

bajo

timpani

timbales

udaraljke za bubnjeve

tambor

keyboard

teclado

saksofon

saxofón

flauta

flauta

mikrofon

micrófono

glazbeni instrument - instrumentos musicales

zoološki vrt

zoo

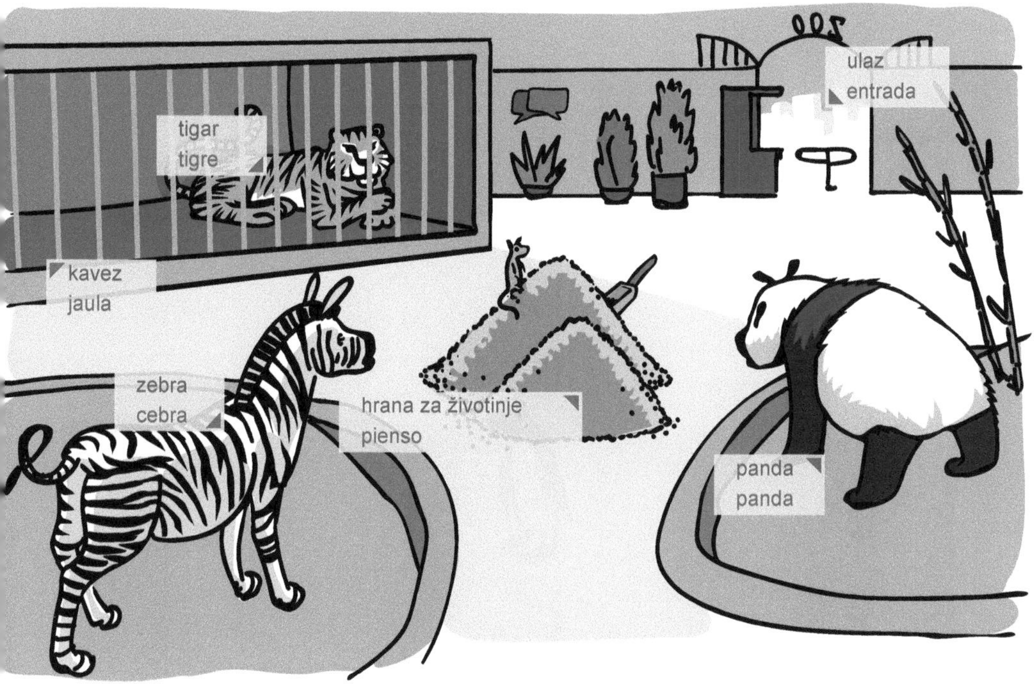

zoo
ulaz
entrada
tigar
tigre
kavez
jaula
zebra
cebra
hrana za životinje
pienso
panda
panda

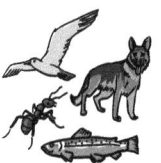

životinje

animales

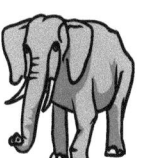

slon

elefante

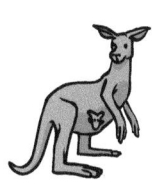

kengur

canguro

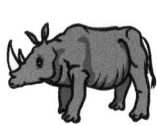

nosorog

rinoceronte

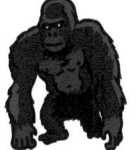

gorila

gorila

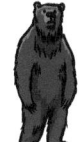

medvjed

oso

kamila

camello

noj

avestruz

lav

león

majmun

mono

flamingo

flamingo

papagaj

loro

polarni medvjed

oso polar

pingvin

pingüino

ajkula

tiburón

paun

pavo real

zmija

serpiente

krokodil

cocodrilo

čuvar u zoološkom vrtu

guardián de zoológico

tuljan

foca

jaguar

jaguar

poni
poni

leopard
leopardo

nilski konj
hipopótamo

žirafa
jirafa

orao
águila

divlja svinja
jabalí

riba
pescado

kornjača
tortuga

morž
morsa

lisica
zorro

gazela
gacela

američki nogomet
fútbol americano

biciklizam
ciclismo

tenis
tenis

košarka
baloncesto

plivanje
natación

boks
boxeo

hockey na ledu
hockey sobre hielo

nogomet
fútbol

badminton
bádminton

atletika
atletismo

rukomet
balonmano

skijanje
esquí

polo
polo

aktivnosti
actividades

skočiti
saltar
zagrliti
abrazar
smijati se
reír
ići
caminar
pjevati
cantar
sanjati
soñar
moliti se
rezar
poljubiti
besar

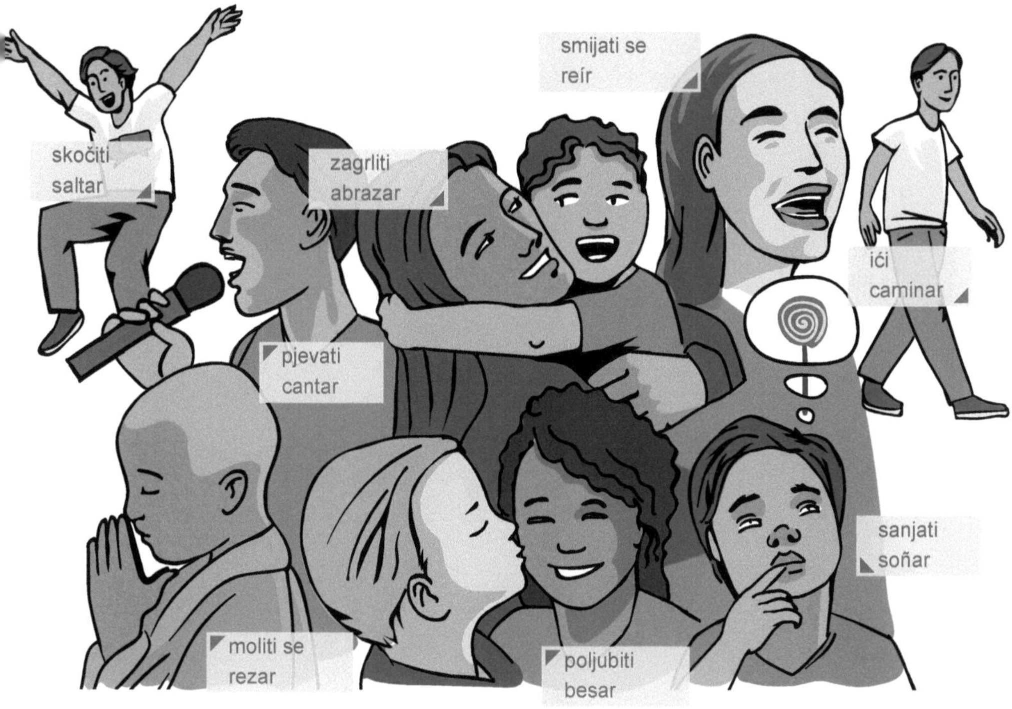

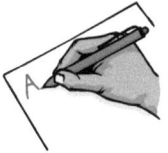

pisati
escribir

crtati
dibujar

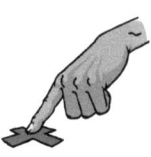

pokazati
mostrar

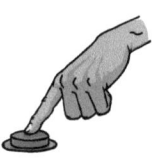

gurati
empujar

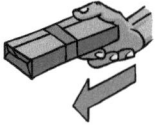

dati
dar

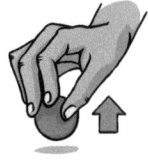

uzeti
tomar

imati
....
tener

činiti
....
hacer

biti
....
ser

stojati
....
estar de pie

trčati
....
correr

povlačiti
....
tirar

baciti
....
tirar

padati
....
caer

ležati
....
yacer

čekati
....
esperar

nositi
....
llevar

sjediti
....
estar sentado

oblačiti
....
vestirse

spavati
....
dormir

probuditi se
....
despertar

gledati

mirar

plakati

llorar

milovati

acariciar

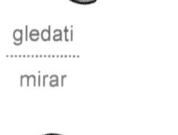

češljati

peinar

govoriti

hablar

razumjeti

entender

pitati

preguntar

slušati

escuchar

piti

beber

jesti

comer

pospremiti

ordenar

voljeti

amar

kuhati

cocinar

voziti

conducir

letjeti

volar

ploviti

navegar

računati

calcular

čitati

leer

učiti

aprender

raditi

trabajar

vjenčati se

casarse

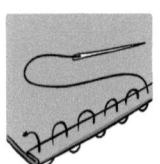

šiti

coser

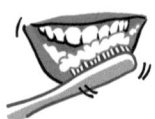

prati zube

cepillarse los dientes

ubiti

matar

pušiti

fumar

poslati

enviar

aktivnosti - actividades

baka
abuela

djed
abuelo

otac
padre

majka
madre

beba
bebé

kćerka
hija

sin
hijo

gost

invitado

tetka

tía

ujak, stric

tío

brat

hermano

sestra

hermana

tijelo

cuerpo

čelo
frente
oko
ojo
rame
hombro
prst
dedo
lice
cara
brada
barbilla
ruka
mano
grudi
pecho
noga
pierna
ruka
brazo

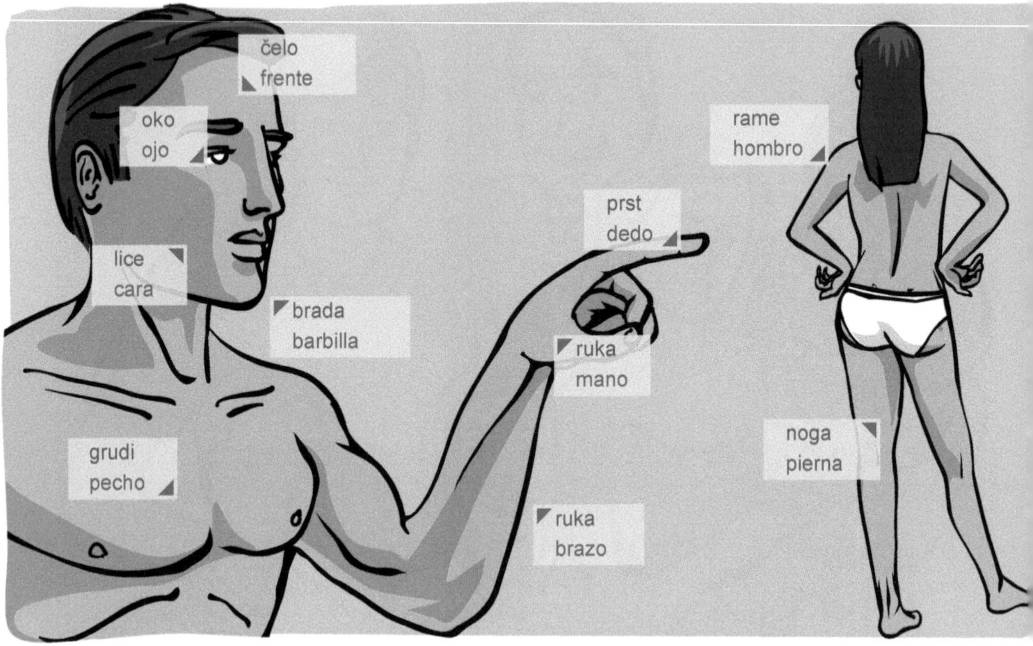

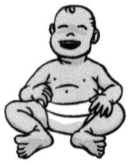

beba

bebé

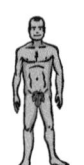

muškarac

hombre

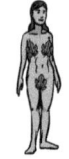

žena

mujer

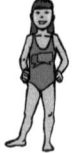

djevojčica

chica

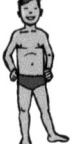

dječak

chico

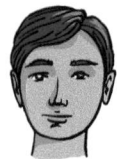

glava

cabeza

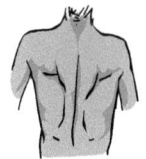

leđa

espalda

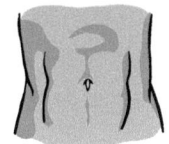

trbuh

vientre

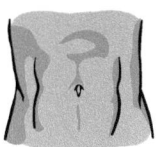

pupak

ombligo

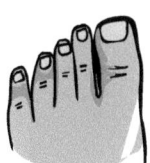

nožni prst

dedo del pie

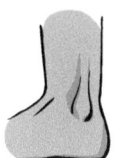

peta

talón

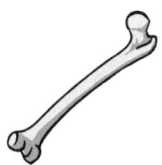

kost

hueso

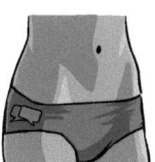

kuk

cadera

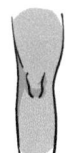

koljeno

rodilla

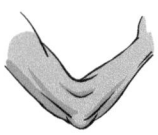

lakat

codo

nos

nariz

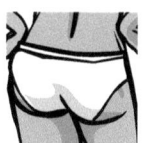

stražnjica

trasero

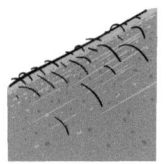

koža

piel

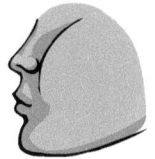

obraz

mejilla

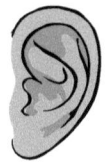

uho

oído

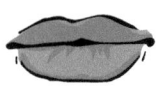

usna

labio

usta

boca

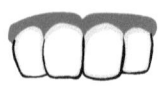

zub

diente

jezik

lengua

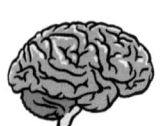

mozak

cerebro

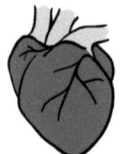

srce

corazón

mišić

músculo

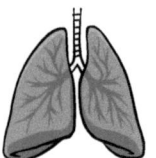

pluća

pulmón

jetra

hígado

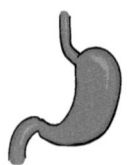

želudac

estómago

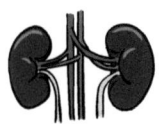

bubrezi

riñones

snošaj

sexo

kondom

condón

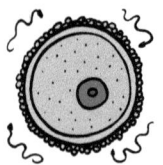

jajna stanica

ovario

sperma

semen

trudnoća

embarazo

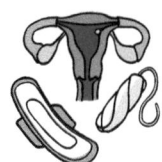

menstruacija
menstruación

vagina
vagina

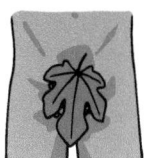

penis
pene

obrva
ceja

kosa
pelo

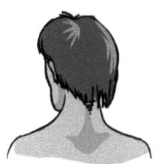

vrat
cuello

tijelo - cuerpo

71

bolnica
hospital

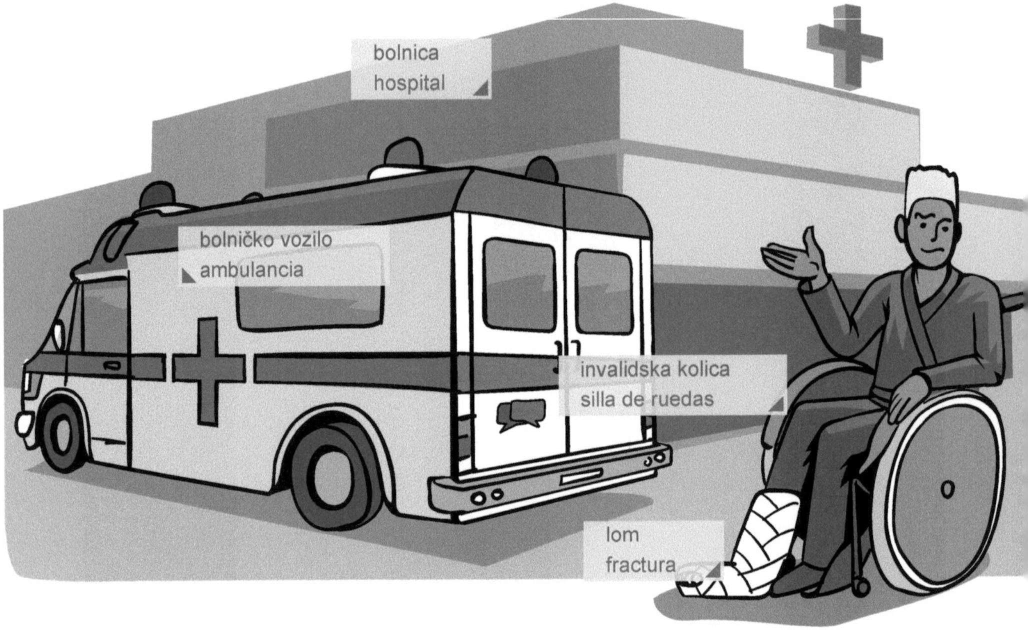

bolnica
hospital
bolničko vozilo
ambulancia
invalidska kolica
silla de ruedas
lom
fractura

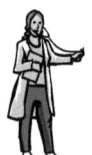

liječnik

médico

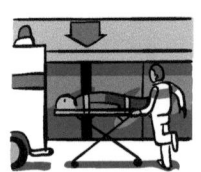

hitna medicinska služba

sala de urgencias

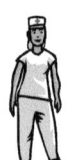

medicinska sestra

enfermera

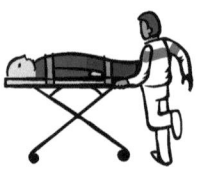

hitni slučaj

urgencia

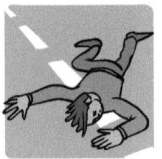

nesvijest

inconsciente

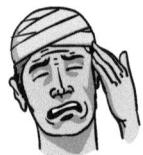

bol

dolor

ozljeda

lesión

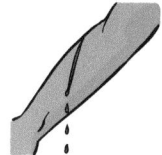

krvarenje

hemorragia

srćani infarkt

infarto

moždani udar

ictus

alergija

alergia

kašalj

tos

groznica

fiebre

gripa

gripe

proljev

diarrea

glavobolja

dolor de cabeza

rak

cáncer

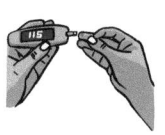

dijabetes

diabetes

kirurg

cirujano

skalpel

bisturí

operacija

operación

ct
TAC

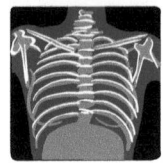

rentgen
rayos x

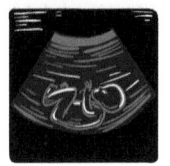

ultrazvuk
ultrasonido

maska
mascarilla

bolest
enfermedad

čekaonica
sala de espera

štaka
muleta

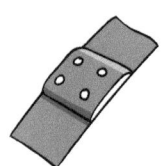

flaster
tirita

zavoj
venda

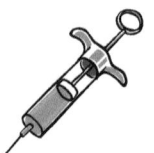

injekcija
inyección

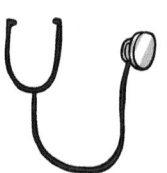

stetoskop
estetoscopio

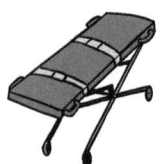

nosilo
camilla

termometar
termómetro

rođenje
nacimiento

prekomjerna težina
sobrepeso

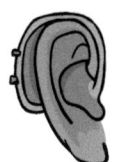

slušni aparat

audífono

sredstvo za dezinfekciju

desinfectante

infekcija

infección

virus

virus

hiv / sida

VIH / SIDA

medicina

medicina

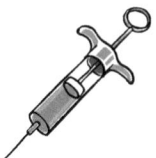

vakcinacija

vacunación

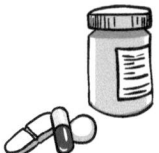

tablete

tabletas

pilula

pastilla

poziv u pomoć

llamada de urgencia

uređaj za mjerenje tlaka

tensiómetro

bolesno / zdravo

enfermo / sano

pomoć!

¡Socorro!

alarm

alarma

nasrtaj

asalto

napad

ataque

opasnost

peligro

izlaz za nuždu

salida de emergencia

požar!

¡Fuego!

vatrogasni aparat

extintor de incendios

nezgoda

accidente

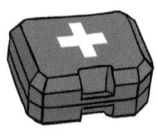

kofer prve pomoći

botiquín de primeros auxilios

sos

SOS

policija

policía

Europa

Europa

sjeverna amerika

Norteamérica

južna amerika

Sudamérica

Afrika

África

Azija

Asia

Australija

Australia

Atlantik

Atlántico

Pacifik

Pacífico

ocean

Océano Índico

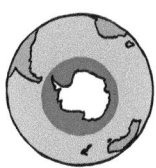

antarktički ocean

Océano Antártico

arktički ocean

Océano Ártico

sjeverni pol

polo norte

južni pol

polo sur

Antarktik

Antártida

zemlja

tierra

zemlja

tierra

more

mar

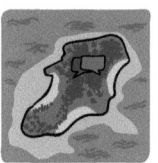

otok

isla

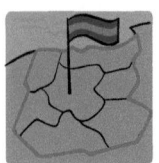

nacija

nación

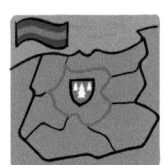

država

estado

brojčanik sata

esfera

satna kazaljka

manecilla de las horas

minutna kazaljka

minutero

sekundna kazaljka

segundero

Koliko je sati?

¿Qué hora es?

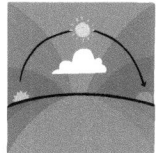

dan

día

vrijeme

tiempo

sada

ahora

digitalni sat

reloj digital

minuta

minuto

sat

hora

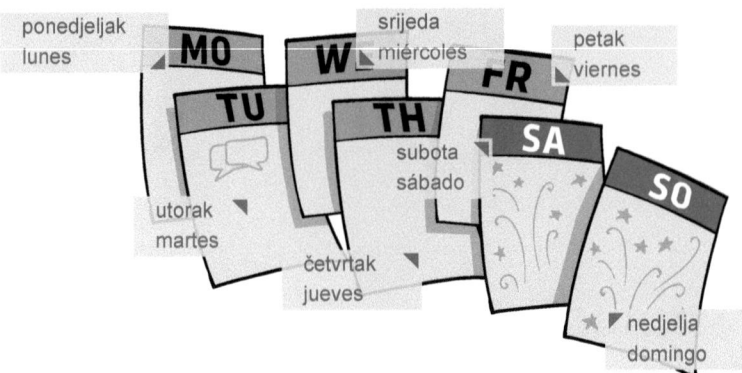

ponedjeljak / lunes
srijeda / miércoles
petak / viernes
utorak / martes
četvrtak / jueves
subota / sábado
nedjelja / domingo

jučer
....
ayer

danas
....
hoy

sutra
....
mañana

jutro
....
mañana

podne
....
mediodía

večer
....
tarde

radni dani
....
días laborables

vikend
....
fin de semana

godina
año

kiša
lluvia
duga
arcoíris
vjetar
viento
snijeg
nieve
proljeće
primavera
ljeto
verano
jesen
otoño
zima
invierno

4.APRIL 11°
5.APRIL 4°
6.APRIL 13°
7.APRIL 8°
8.APRIL 10°

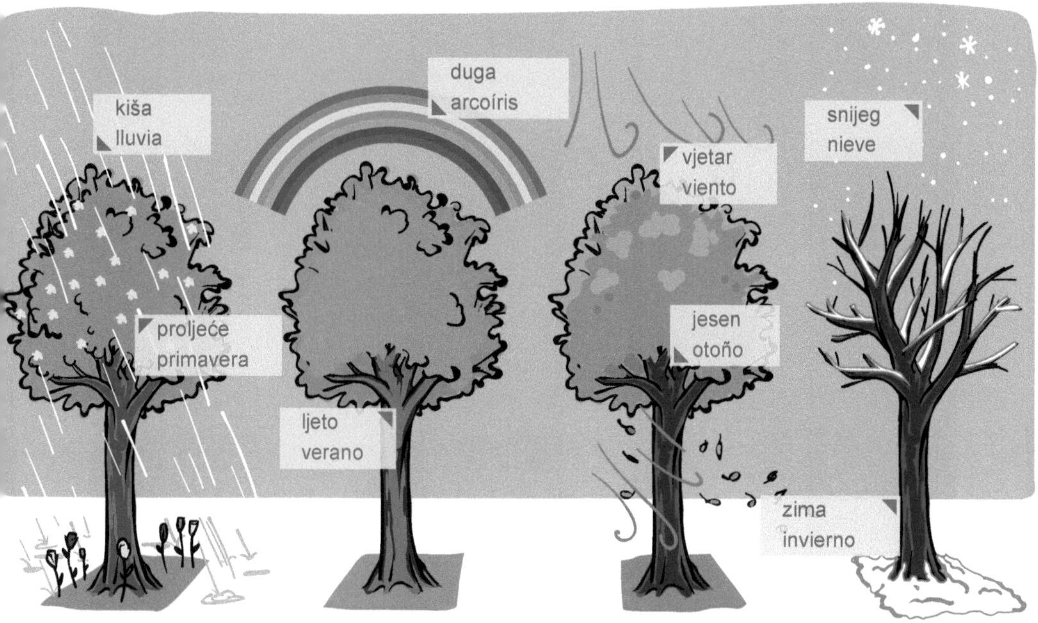

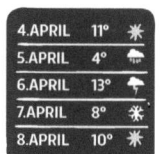

meteorološka prognoza
pronóstico del tiempo

F
C
120
90
60
30
0
-30
40
30
20
10
0
-10
-20

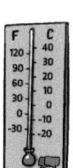

termometar
termómetro

sunčana svjetlost
sol

oblak
nube

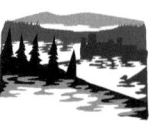

magla
niebla

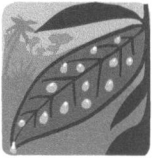

vlažnost zraka
humedad

munja

rayo

grmljavina

trueno

oluja

tormenta

tuča

granizo

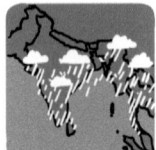

monsun

monzón

poplava

inundación

led

hielo

siječanj

enero

veljača

febrero

ožujak

marzo

travanj

abril

svibanj

mayo

lipanj

junio

srpanj

julio

kolovoz

agosto

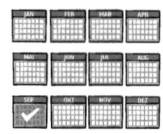

rujan
....
septiembre

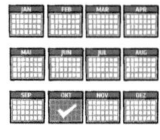

listopad
....
octubre

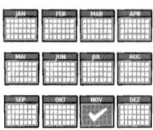

studeni
....
noviembre

prosinac
....
diciembre

oblici

formas

krug
....
círculo

kvadrat
....
cuadrado

pravokutnik
....
rectángulo

trokut
....
triángulo

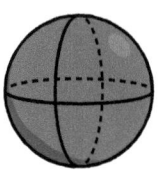

kugla
....
esfera

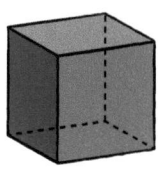

kocka
....
cubo

bijela

blanco

žuta

amarillo

narančasta

anaranjado

ružičasta

rosa

crvena

rojo

ljubičasta

morado

plava

azul

zelena

verde

smeđa

marrón

siva

gris

crna

negro

mnogo / malo

mucho / poco

ljutito / mirno

enojado / tranquilo

lijepo / ružno

bonito / feo

početak / kraj

principio / fin

veliko / maleno

grande / pequeño

svijetlo / tamno

claro / oscuro

brat / sestra

hermano / hermana

čisto / prljavo

limpio / sucio

potpuno / nepotpuno

completo / incompleto

dan / noć

día / noche

mrtvo / živo

muerto / vivo

široko / usko

ancho / estrecho

jestivo / nejestivo

comestible / no comestible

zlo / dobro

malo / amable

uzbuđeno / dosadno

entusiasmado / aburrido

debelo / mršavo

gordo / delgado

na početku / na kraju

primero / último

prijatelj / neprijatelj

amigo / enemigo

puno / prazno

lleno / vacío

tvrdo / mekano

duro / blando

teško / lagano

pesado / ligero

glad / žeđ

hambre / sed

bolesno / zdravo

enfermo / sano

ilegalno / legalno

ilegal / legal

pametno / glupo

inteligente / tonto

lijevo / desno

izquierda / derecha

blizu / daleko

cerca / lejos

novo / rabljeno

nuevo / usado

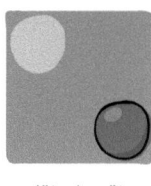

ništa / nešto

nada / algo

staro / mlado

viejo / joven

uključeno / isključeno

encendido / apagado

otvoreno / zatvoreno

abierto / cerrado

tiho / glasno

silencioso / ruidoso

bogato / siromašno

rico / pobre

točno / pogrešno

correcto / incorrecto

hrapavo / glatko

áspero / suave

tužno / sretno

triste / contento

kratko / dugo

corto / largo

polako / brzo

lento / rápido

mokro / suho

húmedo / seco

toplo / hladno

cálido / frío

rat / mir

guerra / paz

0	**1**	**2**
nula	jedan	dva
cero	uno	dos

3	**4**	**5**
tri	četiri	pet
tres	cuatro	cinco

6	**7**	**8**
šest	sedam	osam
seis	siete	ocho

9	**10**	**11**
devet	deset	jedanaest
nueve	diez	once

12

dvanaest

doce

13

trinaest

trece

14

četrnaest

catorce

15

petnaest

quince

16

šestnaest

dieciséis

17

sedamnaest

diecisiete

18

osamnaest

dieciocho

19

devetnaest

diecinueve

20

dvadeset

veinte

100

stotinu

cien

1.000

tisuću

mil

1.000.000

milijun

millón

engleski

inglés

američko engleski

inglés americano

kinesko mandarinski

chino mandarín

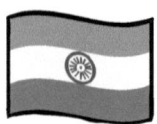

hindi

hindi

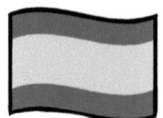

španjolski

español

francuski

francés

arapski

árabe

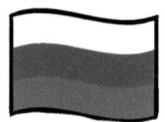

ruski

ruso

portugalski

portugués

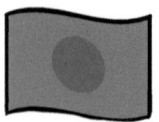

bengalski

bengalí

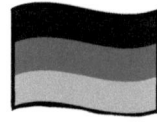

njemački

alemán

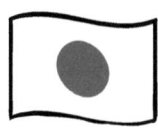

japanski

japonés

ja

yo

ti

tú

on / ona / ono

él / ella / ello

mi

nosotros/as

vi

vosotros/as

oni

ellos/as

tko?

¿quién?

što?

¿qué?

kako?

¿cómo?

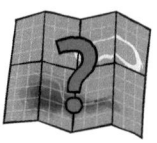

gdje?

¿dónde?

kada?

¿cuándo?

HELLO, I AM

ime

nombre

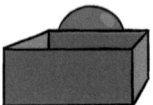

iza
....
detrás

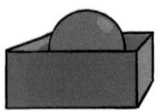

u
....
en

ispred
....
delante de

preko
....
por encima de

na
....
sobre

ispod
....
debajo de

pored
....
junto a

između
....
entre

mjesto
....
lugar